Helen Hunt Jackson

La dama de las letras de Colorado

Helen Hunt Jackson

La dama de las letras de Colorado

por E. E. Duncan

Filter Press, LLC
Palmer Lake, Colorado

Helen Hunt Jackson:
La dama de las letras de Colorado

por E. E. Duncan

Publicado por Filter Press, LLC, conjuntamente con las
Escuelas Públicas de Denver y Colorado Humanities

ISBN: 978-0-86541-112-8
LCCN: 2010937190

Producido con el apoyo de Colorado Humanities y la Fundación
Nacional para las Humanidades. Las opiniones, resultados,
conclusiones o recomendaciones expresadas en esta publicación,
no representan necesariamente las de la Fundación Nacional para
las Humanidades ni las de Colorado Humanities.

La fotografía de la portada es cortesía de Special Collections, Tutt
Library, Colorado College, Colorado Springs, Colorado.

Impreso en los Estados Unidos de América

Serie Grandes vidas de la historia de Colorado

Para obtener información sobre los próximos títulos a publicarse, comuníquese con *info@FilterPressBooks.com*.

Helen Hunt Jackson por E. E. Duncan

Little Raven por Cat DeRose

Barney Ford por Jamie Trumbull

Doc Susie por Penny Cunningham

Enos Mills por Steve Walsh

William Bent por Cheryl Beckwith

Charles Boettcher por Grace Zirkelbach

Ralph Carr por E. E. Duncan

Josephine Aspinall Roche por Martha Biery

Robert Speer por Stacy Turnbull

Chief Ouray por Steve Walsh

Zebulon Pike por Steve Walsh

Clara Brown por Suzanne Frachetti

Contenidos

Una escritora que ayudó a otros 1

Los primeros años 4

Cómo se convirtió en escritora 8

Cuando se mudó a Colorado 10

Derechos de los americanos nativos 12

Sus contribuciones 18

Galletas crujientes de jengibre de

  Helen Hunt Jackson 20

Algunas citas textuales de

  Helen Hunt Jackson (H.H.) 21

"El clima azul brillante de octubre" 22

"Elevado al cielo" .24

Preguntas en qué pensar 26

Glosario 27

Linea cronológica. .29

Bibliografía 31

Índice. 32

Sobre esta serie 33

Reconocimientos 35

Helen Hunt Jackson escribió muchos libros. Se le conoce principalmente por ser la autora de Ramona, *una historia de amor entre una chica española y un chico nativo americano.*

Una escritora que ayudó a otros

Helen Hunt Jackson fue una de las autoras mejor conocidas de su tiempo. Escribió poesía y libros para niños. Escribió historias sobre viajes y cartas al Congreso. Escribió libros acerca de la naturaleza y composiciones sobre la amistad. Durante su vida, escribió más de 30 libros y cientos de artículos. Su forma de escribir mostró que creía firmemente que las personas son buenas. En lo que escribió podemos ver sus valores de la alegría y la esperanza. Los que leían sus escritos la conocían como "H.H." Era uno de los muchos **apodos** que ella utilizaba.

Helen creía en la **justicia** para toda la gente. Después de que se convirtió en una escritora famosa, se dio cuenta de que el gobierno de los Estados Unidos había sido injusto con los americanos nativos. El gobierno no cumplió lo que había prometido y tomó sus tierras. Helen se impresionó mucho y escribió acerca de lo que le habían informado. Cuando sus lectores se enteraron de los problemas que tenían los indios americanos, el gobierno empezó a cambiar sus **políticas**. Lo que escribió Helen ayudó a mejorar la vida de los americanos nativos.

Helen Maria Fiske (sentada) y Ann Scholfield Fiske, su hermana, fueron grandes amigas a lo largo de sus vidas. Helen parece tener entre 14 y 15 años en esta foto sin fecha.

Los primeros años

Helen Fiske nació en Amherst, Massachusetts, el 18 de octubre de 1830. Su padre fue ministro, un líder de la iglesia cristiana. Él dio clases también en el Colegio Amherst. Pronto nació su hermana menor, Ann. Helen disfrutaba estar afuera de su casa y con sus amigas. Sus papás querían que sus hijas tuvieran una buena educación académica. Estaban orgullosos de su hija porque ella hacía preguntas y aprendía muy rápido. Dependiendo de la salud de su madre, Helen atendía **internados** de manera irregular desde que tenía seis años. Fue una buena estudiante que demostraba que tenía talento para escribir.

Cuando Helen tenía 13 años, su mamá murió de **tuberculosis**, una enfermedad de los pulmones. Ella se quedó en el internado. Le escribía cartas muy largas a su papá. Tres años más tarde, cuando tenía 16 años de edad, se murió su papá. Helen se sentía muy sola. Los

Helen se educó en internados. Sus padres ya habían
muerto cuando ella tenía 16 años.

abuelos de Helen y Ann cuidaron de ellas
después de que murieran sus padres.

Más tarde, Helen conoció y se enamoró de
Edward Bissell Hunt. Era un capitán del
Cuerpo de Ingenieros de los Estados Unidos.
Se casaron en Boston, Massachusetts, el 28 de
octubre de 1852 cuando ella tenía 22 años de
edad. Helen y Edward se casaron siete años
antes de que empezara la Guerra Civil de
los Estados Unidos. En la Guerra Civil, los
estados del norte pelearon contra los estados
del sur. Una razón por la que estaban en
guerra era la **esclavitud**. Los del Norte, como
Helen y Edward, creían que el Sur no debía
permitir que hubiera esclavos.

Helen vivió una serie de situaciones tristes.
Tuvo un bebé, que se llamaba Murray y que
murió antes de cumplir un año de edad. Tuvo
un segundo hijo que se llamaba Rennie. Helen
adoraba a su único hijo. En 1863, su esposo
Edward murió en un accidente durante la

Helen se casó con Edward Bissell Hunt. Tuvieron dos hijos. Helen con Murray en brazos, su primer hijo.

Guerra Civil. Dos años más tarde, se murió Rennie cuando tenía 9 años de edad, de una enfermedad que se llama **difteria**.

Helen Hunt Jackson 7

Cómo se convirtió en escritora

Helen estaba tan triste que ya no quería
seguir viviendo. Se enfermó y no quería
salir de su recámara. Sus amigos querían
que escribiera poesías para que se sintiera
mejor y mandaron los poemas de Helen para
que se publicaran en revistas. Sus poemas
estaban llenos de tristeza, pero también de
esperanza. Muchas personas habían perdido
a sus esposos y a sus hijos en la Guerra
Civil. Helen podía poner palabras a los
sentimientos que tenían muchas personas.

¡Helen empezó a escribir... y escribir...
y escribir! Escribió más poesía. Escribió
cuentos para niños. Después de viajar por los
Estados Unidos y de embarcarse para Europa,
escribió historias sobre sus viajes. Estudiaba
las plantas y las flores y escribió libros sobre
la naturaleza. Lo que escribía lo leían en
todos los Estados Unidos y conmovió a
muchas personas. Ralph Waldo Emerson, un

escritor famoso, dijo que ella era "la poetisa más grande de los Estados Unidos". Ahora tenía una razón para vivir.

Cuando se mudó a Colorado

Helen no tenía buena salud. Su doctor le dijo que se fuera a vivir al oeste en busca de una cura para sus pulmones que estaban muy débiles. Fue así que se mudó a Colorado Springs. El aire limpio y puro de Colorado hizo que se sintiera mejor. Conoció a un hombre amable e interesante que se llamaba William Sharpless Jackson. Él había ayudado a establecer la ciudad de Colorado Springs. Se casaron en 1875.

Colorado se convirtió en su querido hogar. A Helen le encantaba caminar, montar a caballo, recoger flores y plantas, y escribir acerca de Colorado. Se mudó para vivir en la hermosa casa de William en Colorado Springs. Puso plantas y flores en toda su casa y después escribió sobre decoración de casas. Escribió *Nelly's Silver Mine* y *Pansy Billings and Popsy*, dos libros para niños sobre niñas alegres a quienes les gustaban las aventuras. Siguió escribiendo artículos, composiciones y poesías para los periódicos.

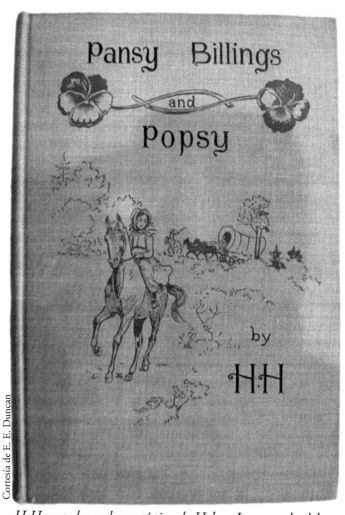

H.H. era el nombre artístico de Helen. La portada del libro enseña que fue escrito por H.H. ¿Éste es un libro para adultos o para niños?

Derechos de los americanos nativos

Durante este tiempo, los Estados Unidos atravesaban por un cambio. Después de la Guerra Civil, la gente de raza blanca empezó a despazarse a vivir en el Oeste Americano. **Cazadores** y **comerciantes**, **pioneros** y **mineros de oro**, todos se estaban mudando al oeste. Los americanos nativos habían vivido en estas tierras durante miles de años. Los estadounidenses querían tener esas tierras. Por eso los americanos nativos y los estadounidenses tuvieron muchos conflictos.

Cuando Helen tenía aproximadamente 50 años de edad, se enteró de algo que cambió su vida. Cuando visitaba a su hermana en Boston, escucharon un discurso de un indio ponca que se llamaba Chief Standing Bear (Jefe Oso Parado). Hablaba sobre las acciones del gobierno de los Estados Unidos en contra de su tribu. El gobierno les robó sus tierras y los mantuvo prisioneros en **reservaciónes**. El gobierno no cumplió las promesas que había hecho. Helen estudió ese tema. La injusticia era peor de lo que había pensado. ¡Estaba muy enojada! Escribió artículos a las revistas y periódicos sobre lo que había escuchado.

Escribió un libro de hechos reales que se llamó *A Century of Dishonor* (*Un Siglo de Deshonra*). Describía las injusticias a los americanos nativos. Le mandó un ejemplar a cada uno de los congresistas. Sintió que el gobierno había ignorado su libro.

Helen tuvo otra idea. Escribiría un libro en forma de novela que contaría los problemas de los americanos nativos. Quería "conmover el corazón de las personas" con su nuevo libro. Su libro, *Ramona*, se vendió muy bien. Es una historia de amor acerca de un joven indio americano, Alessandro, y una niña huérfana, Ramona.

Cortesía de E. E. Duncan

"¿A dónde vamos?" ¡No lo sé, Majalla! ¡Hacia las montañas, donde los hombres blancos no se adentran!"

Esta ilustración y la leyenda fueron tomadas de la edición de Ramona *de 1932.*

14 *Helen Hunt Jackson*

Helen escribió el primer boceto de Ramona *a mano. Revisaba su escrito a medida que escribía. Estas notas se convirtieron en la primera página del libro.*

Helen se trasladó a Nueva York en diciembre de 1883 para escribir *Ramona*. Ella escribió muy rápidamente. El libro fue publicado durante el verano de 1884. Ella volvió a Colorado Springs. Justo después de publicar *Ramona*, se cayó, se rompió la cadera y su salud era delicada. Ella se fue a California en el otoño. Helen estaba allá cuando murió de cáncer el 12 de agosto de 1885, a la edad de 55 años.

Cortesía de DPL, Western History Collection

Helen pidió que la enterraran en la Montaña Cheyenne. Las personas que visitaban su tumba solían dejarle piedras. Pronto una coli na de piedras cubrió su tumba.

Helen fue enterrada en el cañón del sur de Cheyenne, en la montaña de Cheyenne cerca de Siete Caídas. Años más tarde, su cuerpo fue trasladado a un lugar de entierro de la familia en el Cementerio Evergreen en Colorado Springs.

Sus contribuciones

Ramona llegó a ser un libro popular e importante. Se ha seguido imprimiendo desde que fue publicado en 1884. Desde 1923, en California cada año se ha estado presentando una obra de teatro sobre la historia de *Ramona*. Se han hecho cuatro películas basadas en el libro. La obra escrita de fantasía y de hechos reales de Helen Hunt Jackson ilustró al público estadounidense. Por medio de ella, se enteraron de lo mal que el gobierno de los Estados Unidos trató a los americanos nativos. Cuando sus lectores se enteraron de esos malos tratos, el gobierno de los Estados Unidos empezó a cambiar sus políticas.

Helen Hunt Jackson es una heroína de Colorado. Vivió muchas cosas tristes. Pudo haberse dado por vencida y dejar de vivir. Encontró una forma para superar su dolor. Tuvo una influencia positiva sobre otras personas. Escribió en una forma que conmovió el corazón de la gente. Hizo una diferencia en el mundo.

Cortesía de Tom Noel Collection

Helen pensó que el gobierno de los Estados Unidos trató a los nativos americanos injustamente. Ella escribió un libro titulado A Century of Dishonor *en el que habla de los problemas de los americanos nativos.*

Galletas crujientes de jengibre de Helen Hunt Jackson

Esta receta está tomada de la caja de recetas de Helen Hunt Jackson. La caja de recetas se encuentra guardada en el Colorado College de Colorado Springs. Sería bueno que hicieras sus galletas para compartirlas con tu clase.

- Una tasita de azúcar
- Una tasita de mantequilla
- Un huevo grande
- Una cucharada de vinagre
- 7 tazas de harina
- Una cucharada de jengibre
- Una cucharadita de bicarbonato de sodio

En un tazón, mezcla la melaza, el azúcar, la mantequilla y el huevo. Agrega el vinagre a la mezcla. Mezcla aparte la harina, el jengibre y el bicarbonato y revuelve esto poco a poco en la primera mezcla. Con la masa, haz bolitas del tamaño de una nuez y aplánalas con un tenedor. Hornea a 350°F durante 10 minutos.

Rinde 7 docenas de galletas.

Algunas citas textuales de Helen Hunt Jackson (H.H.)

Éstas son palabras de Helen Hunt Jackson. Se les llaman citas. Puedes conocer la manera de ser de una persona por lo que dice y escribe.

Lo que H.H. dice de la escritura: Apenas acabo de empezar y siento que debería escribir mucho más rápido de lo que escribo, escribía más rápido de lo que escribiría una carta, dos mil o tres mil palabras en una mañana, y no puedo dejar de hacerlo.

Lo que H.H. dice al escribir Ramona: Si logro hacer por los indios la centésima parte de lo que hizo la Sra. Stowe por los negros [afro-americanos], estaré agradecida.

Lo que H.H. dice sobre el amor: Cuando el amor está en su mejor momento, uno ama tanto que no lo puede olvidar.

Lo que H.H. dice sobre el cielo: Cuando el tiempo se acaba, comienza la eternidad.

Lo que H.H. dice sobre las palabras: Las palabras se necesitan menos para el dolor que para la alegría.

Lo que H.H. dice sobre la muerte: ¡Ah… escriban de mí, no que "morí de amargo dolor"; sino que "emigré a otra estrella"!

El clima azul brillante
de octubre

Helen Hunt Jackson escribió este poema.
Celebra la belleza del otoño. Lee el poema varias
veces en voz alta. Escucha el ritmo tranquilo.

Oye cómo las palabras dibujan una imagen.
Como reto, apréndete de memoria el poema o
solamente la primera y la última estrofas.

Ah, soles y cielos y nubes de junio,
Y flores de junio juntas,
Vosotras no podéis competir por una hora
Con el clima azul brillante de octubre;

Cuando el abejorro va de prisa ruidosamente,
Retrasado, vagabundo gastador,
Y la vara de San José muere rápido,
Y son perfumadas las veredas con uvas;

Cuando te encuentras manzanas rojas sobre el piso
Amontonadas como joyas que brillan,
Y todavía más rojas sobre las viejas paredes
de piedra,
Hay hojas de madreselva enroscadas;

Cuando todas las cosas preciosas
al borde del camino
Están esparciendo sus semillas de alas blancas,
Y en los campos, todavía verdes y bellos,
Están creciendo las segundas cosechas tardías;

Cuando las vertientes corren bajas,
y en los riachuelos,
En carga dorada en reposo,
Hojas brillantes se hunden sin ruido
En el silencio de los bosques,
para esperar el invierno;

Cuando los amigos buscan dulces guaridas
en el campo,
Juntos, de dos en dos,
Y cuentan como avaros, hora tras hora,
El clima azul brillante de octubre.

Ah sol y cielo y flores de junio,
Cuenten todas las cosas de las que presumen,
Amen lo mejor del año
El clima azul brillante de octubre.

Helen Hunt Jackson 23

Elevado al cielo

Helen publicó su primer poema "Elevado al cielo" en una revista. Lo escribió después de que murió su hijo, Rennie. Helen era cristiana. El poema habla sobre su hijo que se va al cielo. Se acuerda de cuando su hijo estaba aprendiendo a caminar. Se acuerda de que la vida parecía muy peligrosa. Después se imagina un lugar en el que él siempre está seguro. Ella cree que su hijo la está esperando.

Como las madres cariñosas que guían los pasos
    del bebé,
Cuando hay lugares en los que esos pies
    pequeñitos
Se podrían tropezar, levantan a los pequeños
En brazos de amor, y los vuelven a bajar ya lejos
    del peligro,
Así cuidó nuestro Padre al lindo niño,
Guiado por mí que caí sobre las piedras
Pero me esforcé para ayudar a mi niño
    consentido:
Él vio que se tambaleaban las dulces piernas, y
    vio
Caminos ásperos ante nosotros, en donde mis
    brazos no servirían;
Así es que tendió la mano desde el cielo, y
    levantando al niño querido,

Que me sonrió al irse de mí, Él lo colocó
Lejos de todo daño, fuera de mi vista, y le pedí
¡Espera por mí! No debo estar contenta,
¡Y, dándole gracias a Dios, continúo para un día
    alcanzarlo!

Preguntas en qué pensar

- Helen vino a Colorado desde Massachusetts, en 1873. ¿Por qué?

- ¿Cómo luchó en contra del trato injusto que recibían los americanos nativos?

- ¿Sobre cuál de los libros de Helen se hizo una película?

Preguntas para los Jóvenes Chautauquans

- ¿Por qué se me recuerda (o debo ser recordado) a través de la historia?

- ¿A qué adversidades me enfrenté y cómo las superé?

- ¿Cuál es mi contexto histórico? (¿Qué más sucedía en la época en que yo vivía?)

Glosario

Apodos: nombres falsos usados por los autores en lugar del nombres reales.

Cazadores: personas que atrapan animales pequeños para quitarles la piel.

Comerciantes: personas que cambian unas cosas por otras.

Difteria: enfermedad que afecta la garganta y la nariz, de la que la gente puede morir. Ahora, se les ponen vacunas a los niños para prevenir la difteria.

Edición: versión de un libro.

Esclavitud: ser el dueño de otra persona. La esclavitud de los afro-americanos fue algo común en el sur de los Estados Unidos antes de la Guerra Civil.

Internados: escuelas en donde viven los estudiantes durante el año escolar. Los estudiantes regresan a casa con sus familiares durante los días feriados y los veranos.

Justicia: tratar a las personas en forma justa.

Mineros de oro: personas que buscan oro.

Pioneros: personas que son las primeras en llegar de otros países o regiónes para explorar o colonizar unas nuevas áreas.

Políticas: planes de acción que hace un gobierno o un grupo.

Reservaciónes: áreas de tierras que el gobierno de los Estados Unidos dedicó a los americanos nativos. Los americanos nativos fueron obligados a vivir en las reservaciones, en vez de vivir en las tierras de sus tribus.

Tuberculosis: enfermedad que afecta los pulmones. Antes de la medicina moderna, las personas con frecuencia morían de esta enfermedad.

Linea Cronológica

1828
Se casarón Nathan Fiske (padre) y Deborah Waterman Vinal (madre).

October 18, 1830
Nació Helen Maria Fiske.

1834
Nació Ann Scholfield Fiske (hermana).

1838
Enviaron a Helen a vivir a un internado.

1844
Deborah Fiske (madre) murió de tuberculosis.

1844–1847
Helen vivió con su tía Martha Hooker y asistió a un internado en Ipswich Female Seminary.

1847
Murió Nathan Fiske (padre).

1849
Helen vivió en la Escuela John Abbott, en la Ciudad de Nueva York.

1852
Helen se casó con Edward Bissell Hunt.

1853
Nació su hijo Murray Hunt.

1854
Murió su hijo Murray a los 11 meses de edad.

Linea Cronológica

1855
Nació su hijo Warren "Rennie" Horsford Hunt.

1861
Empezó la Guerra Civil.

1863
Murió el Mayor Edward Hunt (esposo) en un accidente.

1865
Murió su hijo Warren "Rennie" Horsford Hunt.

1866
Helen empezó a escribir.

1868–1870
Helen viajó al extranjero.

1870–1884
Helen publicó poemas, libros y artículos. Se publicó el primer libro de Helen, *Verses* en 1870.

1873
Helen se movió para Colorado Springs por debido a su estado de salud.

1875
Helen se casó con William Jackson.

1882
Escribió *A Century of Dishonor* (*Un Siglo de Deshonra*).

1884
Se publicó *Ramona*.

August 12, 1885
Helen Hunt Jackson murió de cáncer en California.

Bibliografía

Banning, Evelyn. *Helen Hunt Jackson*. New York: Vanguard Press, 1973.

"Helen Hunt Jackson." http://en.wikipedia.org/wiki/Helen_Hunt_Jackson

"Helen Hunt Jackson." http:www.cogreatwomen.org/jackson.htm

"Helen Hunt Jackson Quotes." http://www.brainyquote.com/quotes/authors/h/helen_hunt_jackson.html

Helmuth, Gloria. *The Life of Helen Hunt Jackson*. Buena Vista, CO: Classic Reprographics, Inc, 1995.

Jackson, Helen Hunt. *A Century of Dishonor*. New York: Indian Head Books, 1993.

Jackson, Helen Hunt. *Ramona*. New York: Modern Library Press, 2005.

Mathes, Valerie Sherer. *Helen Hunt Jackson and Her Indian Reform Legacy*. Austin: University of Texas Press, 1990.

Mrs. Helen Hunt Jackson ("H.H."). Files of Western History Collection, Denver Public Library. Article from "Century." Handwritten date: 1885.

Nes, Jane. "Colorado Immortal." *The Denver Post* (Empire Magazine). July 21, 1946.

"October's Bright Blue Weather." http://www.poemhunter.com/poem/october-s-bright-blue-weather/

Phillips, Kate. *Helen Hunt Jackson, A Literary Life*. Berkeley: University of California Press, 2003.

Índice

Amherst, Massachusetts, 4

Americanos nativos, 1, 3, 5, 12, 13, 18, 19

Cementerio Evergreen, 17

Century of Dishonor, A (libro), 13, 19

Chief Standing Bear, 12

Colorado Springs, Colorado, 10, 16, 17

Emerson, Ralph Waldo, 8

Guerra Civil (EE.UU.), 5, 6, 8, 12

Hunt, Edward Bissell, 5, 7

Jackson, Helen Hunt,
  carrera de escritor, 1, 8, 10, 13, 15, 16, 18
  educación, 4
  enfermedades, 10, 16
  matrimonios, 5, 10
  nacimiento, 4
  niños, 5, 6, 7, 24
  padres, 4, 5, 6

Jackson, William Sharpless, 10

Ramona (libro), 13, 14, 15, 16, 18

Scholfield Fiske, Ann (hermana), 2, 4, 5

Sobre esta serie

En 2008, Colorado Humanities y el Departamento de Estudios Sociales de las Escuelas Públicas de Denver (DPS) iniciaron una asociación para ofrecer el programa Young Chautauqua de Colorado Humanities en DPS y crear una serie de biografías de personajes históricos de Colorado escritas por maestros para jóvenes lectores. Al proyecto se le llamó "Writing Biographies for Young People." Filter Press se unió al esfuerzo para publicar las biografías en 2010.

Los maestros asistieron a seminarios, aprendieron de conferenciantes y autores Chautauqua de Colorado Humanities y recorrieron tres grandes bibliotecas de Denver: La Biblioteca Hart en History Colorado, el Departamento de Historia del Oeste/Genealogía de la Biblioteca Pública de Denver y la Biblioteca Blair-Caldwell de Investigaciones Afro-americanas. La meta era escribir biografías usando las mismas aptitudes que les pedimos a los estudiantes: identificar y ubicar fuentes de información de alta calidad para la investigación, documentar esas fuentes de información y seleccionar la información apropiada contenida en las fuentes de información.

Lo que tienes ahora en tus manos es la culminación de los esfuerzos de estos maestros. Con esta colección de biografías apropiadas para los jóvenes lectores, los estudiantes podrán leer e investigar por sí solos, aprender aptitudes valiosas para la investigación, y escribir a temprana edad. Mientras leen cada una de las biografías, los estudiantes obtienen conocimientos y aprecio por los esfuerzos y adversidades superadas por la gente de nuestro pasado, el período en el que vivieron y el porqué deben ser recordados en la historia.

El conocimiento es poder. Esperamos que este conjunto de biografías ayude a que los estudiantes de Colorado se den cuenta de la emoción que se siente al aprender historia a través de las biografías.

Se puede obtener información sobre esta serie de cualquiera de estos tres socios:

Filter Press en www.FilterPressBooks.com

Colorado Humanities en www.ColoradoHumanities.org

Escuelas Públicas de Denver en http://curriculum.dpsk12.org

Reconocimientos

Colorado Humanities y las Escuelas Públicas de Denver hacen un reconocimiento a las muchas personas y organizaciones que ha contribuido para hacer realidad la serie Grandes vidas en la Historia de Colorado. Entre ellas se encuentran:

Los maestros que aceptaron el reto de escribir las biografías

Margaret Coval, Directora Ejecutiva de Colorado Humanities

Josephine Jones, Directora de Programas de Colorado Humanities

Betty Jo Brenner, Coordinadora de Programas de Colorado Humanities

Michelle Delgado, Coordinadora de Estudios Sociales para kindergarten a 5º grado, de las Escuelas Públicas de Denver

Elma Ruiz, Coordinadora de Estudios Sociales 2005-2009, para kindergarten a 5º grado, de las Escuelas Públicas de Denver

Joel' Bradley, Coordinador de Proyectos de las Escuelas Públicas de Denver

El equipo de Servicios de Traducción e Interpretación, de la Oficina de Enlaces Multiculturales de las Escuelas Públicas de Denver

Nelson Molina, Preparador/entrenador del programa de Capacitación Profesional de ELA y Persona de Enlace Escolar de las Escuelas Públicas de Denver

John Stansfield, narrador de cuentos, escritor y líder experto del Instituto para maestros

Tom Meier, autor e historiador de los Arapaho

Celinda Reynolds Kaelin, autora y experta en la cultura Ute

National Park Service, Sitio Histórico Nacional Bent's Old Fort

Daniel Blegen, autor y experto en Bent's Fort

Biblioteca de Investigaciones Afroamericanas Blair-Caldwell

Coi Drummond-Gehrig, Departamento de Historia/ Genealogía Occidental de la Biblioteca Pública de Denver

Jennifer Vega, Biblioteca Stephen H., de History Colorado

Dr. Bruce Paton, autor y experto Zebulon Pike

Dr. Tom Noel, autor e historiador de Colorado

Susan Marie Frontczak, oradora chautauqua y capacitadora de la Juventud Chautauqua

Mary Jane Bradbury, oradora chautauqua y capacitadora de la Juventud Chautauqua

Dr. James Walsh, orador chautauqua y capacitador de la Juventud Chautauqua

Richard Marold, orador chautauqua y capacitador de la Juventud Chautauqua

Doris McCraw, autora y experta en materia de Helen Hunt Jackson

Kathy Naples, oradora chautauqua y experta en materia de Doc Susie

Tim Brenner, editor

Debra Faulkner, historiadora y archivista, Hotel Brown Palace

Kathleen Esmiol, autora y oradora del Instituto de Maestros Vivian Sheldon Epstein, autora y oradora del Instituto de Maestros

Reconocimientos

Helen Hunt Jackson

Jackson

Colorado's Literary Lady

Helen Hunt Jackson

Colorado's Literary Lady

by E. E. Duncan

For Sophia
Enjoy your Colorado
History! E E Duncan

Filter Press, LLC
Palmer Lake, Colorado

thank you Sophia

Helen Hunt Jackson:
Colorado's Literary Lady

by E. E. Duncan

Published by Filter Press, LLC, in cooperation with
Denver Public Schools and Colorado Humanities

ISBN: 978-0-86541-112-8
LCCN: 2010937190

Produced with the support of Colorado Humanities and the
National Endowment for the Humanities. Any views, findings,
conclusions, or recommendations expressed in this publication
do not necessarily represent those of the National Endowment
for the Humanities or Colorado Humanities.

Cover photograph courtesy Special Collections, Tutt Library,
Colorado College, Colorado Springs, Colorado.

Printed in the United States of America

Great Lives in Colorado History Series

For information on upcoming titles,
contact *info@FilterPressBooks.com*.

Helen Hunt Jackson by E. E. Duncan

Little Raven by Cat DeRose

Barney Ford by Jamie Trumbull

Doc Susie by Penny Cunningham

Enos Mills by Steve Walsh

William Bent by Cheryl Beckwith

Charles Boettcher by Grace Zirkelbach

Ralph Carr by E. E. Duncan

Josephine Aspinall Roche by Martha Biery

Robert Speer by Stacy Turnbull

Chief Ouray by Steve Walsh

Zebulon Pike by Steve Walsh

Clara Brown by Suzanne Frachetti

Contents

A Writer Who Helped Others 1

Early Years 3

Becoming a Writer 7

The Move to Colorado 8

Native American Rights 10

Her Contributions 15

Helen Hunt Jackson's Ginger Crisps 17

Some Quotations by

    Helen Hunt Jackson (H.H.) 18

"October's Bright Blue Weather" 19

"Lifted Over" 21

Questions to Think About 22

Glossary 23

Timeline 25

Bibliography 27

Index 28

About This Series 29

Acknowledgments 31

Helen Hunt Jackson wrote many books. She is best known as the author of Ramona, *a love story between a Spanish girl and a Native American boy.*

A Writer Who Helped Others

Helen Hunt Jackson was one of the best known authors of her time. She wrote poetry and children's books. She wrote travel stories and letters to Congress. She wrote books about nature and essays about friendship. During her life, she wrote more than 30 books and hundreds of articles. Her writing showed her belief in human goodness. Her writing showed her values of cheerfulness and hope. Her readers knew her as "H.H." It was one of many **pen names** she used.

Helen believed in **justice** for all people. After she became a famous writer, she learned the U.S. government had been unfair to Native Americans. The government broke promises and took land from Native Americans. Helen was shocked and wrote about what she learned. As her readers learned about the problems that American Indians faced, the government began to change its **policies**.

Helen's writing helped improve the lives of Native Americans.

From Ruth Odell's *Helen Hunt Jackson (H.H.)* (New York: Appleton, 1939)

Helen Maria Fiske (sitting) and Ann Scholfield Fiske, her sister, were close friends throughout their lives. Helen appears to be 14 or 15 in this undated photograph.

Early Years

Helen Fiske was born in Amherst, Massachusetts, on October 18, 1830. Her father was a minister, a leader of a Christian church. He also taught at Amherst College. Soon, a younger sister, Ann, was born. Helen enjoyed being outside and being with friends. Her parents wanted a good education for their daughters. They were proud of their daughter because she asked questions and learned quickly. Depending on the health of her mother, Helen was in and out of **boarding schools** from the time she was six years old. She was a good student who showed writing talent.

When Helen was 13, her mother died of a lung disease called **tuberculosis**. She stayed at the boarding school. She wrote long letters to her father. Three years later, when she was 16, her father died. Helen felt alone. Helen and Ann's grandparents took care of them after their parents died.

Later, Helen met and fell in love with Edward Bissell Hunt. He was a captain in the U.S. Corps of Engineers. They married in Boston, Massachusetts, on October 28, 1852, when she was 22 years old. Helen and Edward were married seven years before the beginning of the American Civil War. In the Civil War, the Northern states fought against the Southern states. One reason for the war was **slavery**. Northerners like Helen and Edward did not believe the South should allow slavery.

Helen experienced a series of sad events. She had a baby boy, Murray, who died before he was one year old. She had a second boy, Rennie. Helen adored her only child. In 1863, her husband, Edward, was killed in an accident during the Civil War. Two years later, at age 9, Rennie died of a disease called **diphtheria**.

Helen was educated in boarding schools. By the time she was 16, both of her parents had died.

Helen married Captian Edward Bissell Hunt. They had two sons. Helen is holding Murray, her first child.

Becoming a Writer

Helen was so sad she did not want to live. She became ill and would not leave her bedroom. Her friends wanted her to write poetry to help her feel better. They sent her poems to magazines to be published. Her poems were full of sadness, but also hope. Many people had lost husbands and sons during the Civil War. Helen was able to put words to feelings many people had.

Helen began to write…and write…and write! She wrote more poetry. She wrote children's stories. After traveling around the United States and sailing to Europe, she wrote travel stories. She studied plants and flowers and wrote books about nature. Her writing was read all over America and touched many people. Ralph Waldo Emerson, a famous writer, said she was "America's greatest woman poet." She now had a reason to live.

The Move to Colorado

Helen was not healthy. Her doctor told her to move west to find a cure for her weak lungs. She moved to Colorado Springs. The clean, clear Colorado air made her feel better. She met a kind and interesting man named William Sharpless Jackson. He helped start the city of Colorado Springs. They were married in 1875.

Colorado became her beloved home. Helen enjoyed walking, riding her horse, collecting flowers and plants, and writing about Colorado. She moved into William's beautiful house in Colorado Springs. She put plants and flowers all around her home, then wrote about home decorating. She wrote *Nelly's Silver Mine* and *Pansy Billings and Popsy*, two children's books about cheerful, adventurous girls. She kept writing articles, essays, and poetry for newspapers.

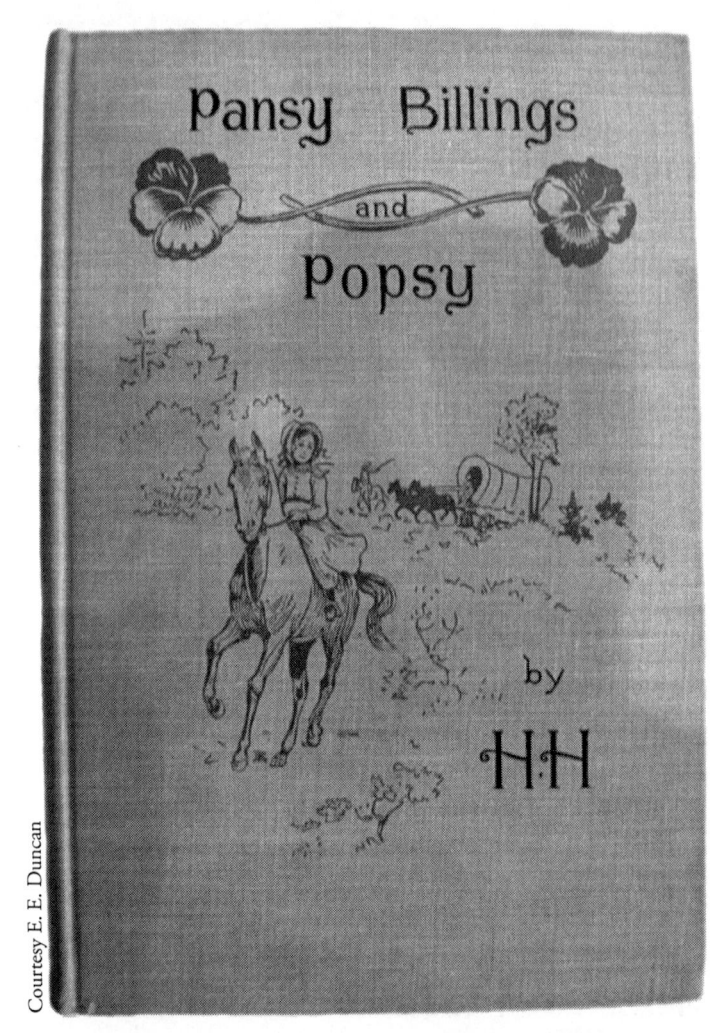

H.H. was Helen's pen name. This book cover shows it was written by H.H. Is this book for adults or children?

Helen Hunt Jackson 9

Native American Rights

During this time, America was changing. After the Civil War, white people were moving to the American West. **Trappers** and **traders**, **pioneers** and **gold miners** were moving west. Native Americans had lived on this land for thousands of years. Americans wanted the land for themselves. Therefore, Native Americans and Americans had many conflicts.

When Helen was about 50 years old, she learned something that changed her life. While visiting her sister in Boston, they heard a speech by a Ponca Indian named Chief Standing Bear. He talked about actions of the U.S. government against his tribe. The government stole their land and kept them prisoners on **reservations**. The government broke their promises. Helen studied the topic. The injustice was worse than she thought. She was angry! She wrote essays to magazines and newspapers about what she learned.

She wrote a nonfiction book called *A Century of Dishonor*. It told of the injustice to Native Americans. She sent a copy to every congressman. She felt that the government ignored her book.

Helen had another idea. She would write a fiction book to tell the problems of the Native Americans. She wanted to "move people's hearts" with her new book. Her book, *Ramona*, was a best seller. It is a love story about a young Native American man, Alessandro, and an orphan girl named Ramona.

Helen moved to New York in December 1883 to write *Ramona*. She wrote very quickly. The book was published in the summer of 1884. She returned to Colorado Springs. Soon after *Ramona* was published, she fell and broke her hip and her health wasn't good. She went to California in the autumn. She was there when she died of cancer on August 12, 1885, at the age of 55.

Photograph courtesy of E. E. Duncan

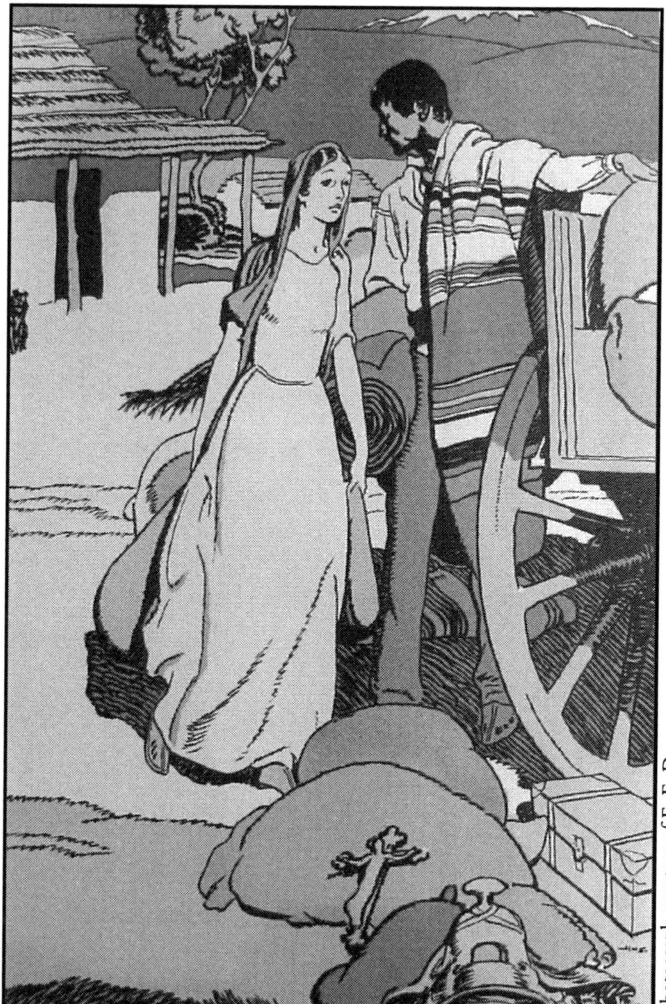

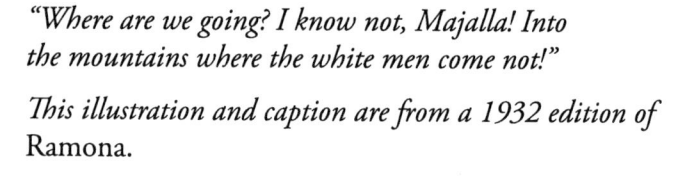

"Where are we going? I know not, Majalla! Into the mountains where the white men come not!"

This illustration and caption are from a 1932 edition of Ramona.

Helen wrote the first draft of Ramona by hand. She revised her writing as she wrote. These notes became the first page of the book.

Helen was buried in South Cheyenne Canyon on Cheyenne Mountain near Seven Falls. Years later, her body was moved to a family plot in Evergreen Cemetery in Colorado Springs.

Helen asked to be buried on Cheyenne Mountain. Visitors to her grave often left stones. Soon a little hill of stones covered her grave.

Her Contributions

Ramona became a popular and important book. It has stayed in print since it was published in 1884. In California, a play of the *Ramona* story has been performed every year since 1923. The book was made into four movies. The fiction and nonfiction writing of Helen Hunt Jackson educated the American public. Through her, they learned how badly the U.S. government treated American Indians. As her readers learned of their treatment, the U.S. government began to change its policies.

Helen Hunt Jackson is a Colorado hero. She experienced great sadness. She could have given up on life. She found a way to overcome her grief. She was a positive influence on others. She wrote in a way that touched people's hearts. She made a difference in the world.

Helen thought that the United States government treated Native Americans unfairly. She wrote a book titled A Century of Dishonor *that told about the problems of Native Americans.*

Helen Hunt Jackson's Ginger Crisps

This recipe is from Helen Hunt Jackson's recipe box. The box is stored in the library at Colorado College in Colorado Springs. You may want to make her cookies to share with your class.

- A teacup of molasses
- A teacup of sugar
- One large egg
- A tablespoonful of vinegar
- 7 cups of flour
- A tablespoonful of ginger
- A tablespoonful of salercetus (baking soda)

Mix molasses, sugar, butter, and egg together in a bowl. Add vinegar to the mixture. Mix flour, ginger, and soda together and gradually stir into the first mixture. Roll dough into walnut-sized balls and press flat with a fork. Bake at 350° for 10 minutes.

Makes 7 dozen cookies.

Some Quotations by Helen Hunt Jackson (H.H.)

These are Helen Hunt Jackson's own words. They are called *quotations*. You can learn about a person from what they said and wrote.

H.H. about writing: As soon as I began, it seemed impossible to write fast enough—I wrote faster than I would write a letter—two thousand to three thousand words in a morning, and
I cannot help it.

H.H. about writing *Ramona*: If I can do one-hundredth part for the Indian that Mrs. Stowe did for the Negro [African American], I will be thankful.

H.H. on love: When love is at its best, one loves so much that he cannot forget.

H.H. on heaven: When Time is spent, Eternity begins.

H.H. on words: Words are less needful to sorrow than to joy.

H.H. on dying: Oh, write of me, not "Died in bitter pains," but "Emigrated to another star!"

October's Bright Blue Weather

Helen Hunt Jackson wrote this poem. It celebrates the beauty of autumn. Read the poem aloud a few times. Listen to the quiet rhythm. Hear how the words paint a picture. For a challenge, memorize the poem or just the first and last stanzas.

O suns and skies and clouds of June,
And flowers of June together,
Ye cannot rival for one hour
October's bright blue weather;

When loud the bumblebee makes haste,
Belated, thriftless vagrant,
And goldenrod is dying fast,
And lanes with grapes are fragrant;

When on the ground red apples lie
In piles like jewels shining,
And redder still on old stone walls
Are leaves of woodbine twining;

When all the lovely wayside things
Their white-winged seeds are sowing,
And in the fields still green and fair,
Late aftermaths are growing;

Helen Hunt Jackson 19

When springs run low, and on the brooks,
In idle golden freighting,
Bright leaves sink noiseless in the hush
Of woods, for winter waiting;

When comrades seek sweet country haunts,
By twos and twos together,
And count like misers, hour by hour,
October's bright blue weather.

O sun and skies and flowers of June,
Count all your boasts together,
Love loveth best of all the year
October's bright blue weather.

Lifted Over

Helen published her first poem, "Lifted Over," in a magazine. She wrote it after her son Rennie died. Helen was a Christian. The poem is about her son going to heaven. She remembers her son learning to walk. She remembers how dangerous life seemed. Then she imagines a place where he is always safe. She believes he is waiting for her.

As tender mothers, guiding baby steps,
When places come at which the tiny feet
Would trip, lift up the little ones in arms
Of love, and set them down beyond the harm,
So did our Father watch the precious boy,
Led o'er the stones by me, who stumbled oft
Myself, but strove to help my darling on:
He saw the sweet limbs faltering, and saw
Rough ways before us, where my arms would fail;
So reached from heaven, and lifting the dear child,
Who smiled in leaving me, He put him down
Beyond all hurt, beyond my sight, and bade
Him wait for me! Shall I not then be glad,
And, thanking God, press on to overtake!

Questions to Think About

- Helen came to Colorado from Massachusetts in 1873. Why?

- How did Helen fight against the unfair treatment of Native Americans?

- Which of Helen's books was made into a movie?

Questions for Young Chautauquans

- Why am I (or should I be) remembered in history?

- What hardships did I face and how did I overcome them?

- What is my historical context (what else was going on in my time)?

Glossary

Boarding schools: schools where students live during the school year. Students return home to their families during school holidays and summers.

Diphtheria: disease that affects the throat and nose that people can die from. Now, children are given shots to prevent diphtheria.

Edition: version of a book.

Gold miners: people who search for gold.

Justice: fairness.

Pen names: fake names used by authors in place of their real names.

Pioneers: people who are one of the first from other countries or regions to explore or settle new areas.

Policies: plans of action that governments or groups make.

Reservations: areas of land that the U.S. government set aside for Native Americans. Native Americans were forced to live on reservations, instead of living on their tribal lands.

Slavery: owning another person. Slavery of African Americans was common in the American South before the Civil War.

Tuberculosis: disease that affects the lungs. Before modern medicine, people often died from it.

Traders: people who trade things for other things.

Trappers: people who catch small animals for their fur.

Timeline

1828

Nathan Fiske (father) and
Deborah Waterman Vinal
(mother) married.

October 18, 1830

Helen Maria Fiske born.

1834

Ann Scholfield Fiske
(sister) born.

1838

Helen sent to live
at boarding school.

1844

Deborah Fiske (mother)
died of tuberculosis.

1844–1847

Helen lived with her Aunt
Martha Hooker and attended
boarding school at Ipswich
Female Seminary.

1847

Nathan Fiske (father) died.

1849

Helen lived at John Abbott
School in New York City.

1852

Helen married
Edward Bissell Hunt.

1853

Son Murray Hunt born.

1854

Son Murray Hunt died
at age 11 months.

Timeline

1855

Son Warren "Rennie" Horsford Hunt born.

1861

Civil War began.

1863

Major Edward Hunt (husband) killed in an accident.

1865

Son Warren "Rennie" Horsford Hunt died.

1866

Helen began writing.

1868–1870

Helen traveled abroad.

1870–1884

Helen published poems, books, and articles. Helen's first book, *Verses*, published in 1870.

1873

Helen moved to Colorado Springs for her health.

1875

Helen married William Jackson.

1882

Helen wrote *A Century of Dishonor.*

1884

Ramona published.

August 12, 1885

Helen Hunt Jackson died of cancer in California.

Bibliography

Banning, Evelyn. *Helen Hunt Jackson*. New York: Vanguard Press, 1973.

"Helen Hunt Jackson." http://en.wikipedia.org/wiki/Helen_Hunt_Jackson

"Helen Hunt Jackson." http:www.cogreatwomen.org/jackson.htm

"Helen Hunt Jackson Quotes." http://www.brainyquote.com/quotes/authors/h/helen_hunt_jackson.html

Helmuth, Gloria. *The Life of Helen Hunt Jackson*. Buena Vista, CO: Classic Reprographics, Inc, 1995.

Jackson, Helen Hunt. *A Century of Dishonor*. New York: Indian Head Books, 1993.

Jackson, Helen Hunt. *Ramona*. New York: Modern Library Press, 2005.

Mathes, Valerie Sherer. *Helen Hunt Jackson and Her Indian Reform Legacy*. Austin: University of Texas Press, 1990.

Mrs. Helen Hunt Jackson ("H.H."). Files of Western History Collection, Denver Public Library. Article from "Century." Handwritten date: 1885.

Nes, Jane. "Colorado Immortal." *The Denver Post* (Empire Magazine). July 21, 1946.

"October's Bright Blue Weather." http://www.poemhunter.com/poem/october-s-bright-blue-weather/

Phillips, Kate. *Helen Hunt Jackson, A Literary Life*. Berkeley: University of California Press, 2003.

Index

Amherst, Massachusetts, 3

Century of Dishonor, A (book), 11, 16
Chief Standing Bear, 10
Civil War (U.S.), 4, 7, 10
Colorado Springs, Colorado, 8, 11, 14

Emerson, Ralph Waldo, 7
Evergreen Cemetery, 14

Hunt, Edward Bissell, 4, 6

Jackson, Helen Hunt,
 birth, 3
 children, 4, 6
 education, 3
 illnesses, 8, 11
 marriages, 4, 8
 parents, 3
 writing career, 1, 7, 8, 10, 11

Jackson, William Sharpless, 8
Native Americans, 1, 2, 10, 11, 16

Ramona (book), 11, 12, 13, 15
Scholfield Fiske, Ann (sister), 2, 3

About This Series

In 2008, Colorado Humanities and Denver Public Schools' Social Studies Department began a partnership to bring Colorado Humanities' Young Chautauqua program to DPS and to create a series of biographies of Colorado historical figures written by teachers for young readers. The project was called "Writing Biographies for Young People." Filter Press joined the effort to publish the biographies in 2010.

Teachers attended workshops, learned from Colorado Humanities Chautauqua speakers and authors, and toured three major libraries in Denver: The Hart Library at History Colorado, the Western History/Genealogy Department in the Denver Public Library, and the Blair-Caldwell African American Research Library. Their goal was to write biographies using the same skills we ask of students: identify and locate high-quality sources for research, document those sources, and choose appropriate information from the resources.

What you hold in your hands now is the culmination of these teachers' efforts. With this set of age-appropriate biographies, students will be able to read and research on their own, learning valuable skills of research and writing at a young age. As they read each biography, students gain knowledge and appreciation of the struggles and hardships overcome by people from our past, the time period in which they lived, and why they should be remembered in history.

Knowledge is power. We hope this set of biographies will help Colorado students know the excitement of learning history through biography.

Information about the series can be obtained from any of the three partners:

Filter Press at www.FilterPressBooks.com

Colorado Humanities at www.ColoradoHumanities.org

Denver Public Schools at http://curriculum.dpsk12.org

Acknowledgments

Colorado Humanities and Denver Public Schools acknowledge the many contributors to the Great Lives in Colorado History series. Among them are the following:

The teachers who accepted the challenge of writing the biographies

Margaret Coval, Executive Director, Colorado Humanities

Josephine Jones, Director of Programs, Colorado Humanities

Betty Jo Brenner, Program Coordinator, Colorado Humanities

Michelle Delgado, K–5 Social Studies Coordinator, Denver Public Schools

Elma Ruiz, K–5 Social Studies Coordinator, Denver Public Schools, 2005–2009

Joel' Bradley, Project Coordinator, Denver Public Schools

Translation and Interpretation Services Team, Multicultural Outreach Office, Denver Public Schools

Nelson Molina, ELA Professional Development Trainer/Coach and School Liaison, Denver Public Schools

John Stansfield, storyteller, writer, and Teacher Institute lead scholar

Tom Meier, author and Arapaho historian

Celinda Reynolds Kaelin, author and Ute culture
expert
National Park Service, Bent's Old Fort National
Historic Site
Daniel Blegen, author and Bent's Fort expert
Blair-Caldwell African American Research Library
Coi Drummond-Gehrig, Denver Public Library,
Western History/Genealogy Department
Jennifer Vega, Stephen H. Hart Library, History
Colorado
Dr. Bruce Paton, author and Zebulon Pike expert
Dr. Tom Noel, author and Colorado historian
Susan Marie Frontczak, Chautauqua speaker and
Young Chautauqua coach
Mary Jane Bradbury, Chautauqua speaker and Young
Chautauqua coach
Dr. James Walsh, Chautauqua speaker and Young
Chautauqua coach
Richard Marold, Chautauqua speaker and Young
Chautauqua coach
Doris McCraw, author and Helen Hunt Jackson
subject expert
Kathy Naples, Chautauqua speaker and Doc Susie
subject expert
Tim Brenner, editor
Debra Faulkner, historian and archivist, Brown Palace
Hotel
Kathleen Esmiol, author and Teacher Institute speaker
Vivian Sheldon Epstein, author and Teacher Institute
speaker

Acknowledgments